JUNIOR-LERNENDE
ALLES ÜBER KATZEN

CHARLOTTE THORNE

JUNIOR-LERNENDE

ALLES ÜBER KATZEN

CHARLOTTE THORNE

Katzen sind kleine und bemerkenswerte Tiere, die seit Tausenden von Jahren von Menschen verehrt werden!

Es wird angenommen, dass Katzen vor etwa 4.000 Jahren in Ägypten domestiziert wurden.

Die alten Ägypter liebten Katzen.
Sie verehrten Katzen und hielten
sie für heilig.

Im alten Ägypten war es ein
Verbrechen, einer Katze Schaden
zuzufügen. Sie wurden in ihre Kunst
und Hieroglyphen einbezogen.

Katzen sind mit Löwen, Tigern und Leoparden verwandt. Sie alle gehören zur Familie „Felidae".

Katzen sind für ihre unglaubliche Beweglichkeit bekannt. Sie sind in der Lage, mit einem einzigen Sprung bis zum Sechsfachen ihrer Körperlänge zu springen.

Katzen sind Fleischfresser, das heißt, ihre Nahrung besteht aus Fleisch.

Wussten Sie, dass Katzen durch ihr „Schnurren" dafür sorgen, dass sie sich beruhigen?

Werfen wir einen Blick auf die
verschiedenen Katzenrassen.

Perserkatze

Diese Katze ist für ihr flaches Gesicht und ihr langes Fell bekannt. Sie haben ein königliches Aussehen.

Siamkatze

Sie sind für ihre auffälligen Augen und ihr kurzes Fell bekannt. Siamkatzen haben melodische Miauen.

Maine-Coon-Katze

Dies ist eine große Katzenrasse und auch sehr buschig. Sie sind freundliche und gesellige Katzen.

Ragdoll-Katze

Wussten Sie, dass Ragdoll-Katzen sehr fügsam sind? Sie haben ein entspanntes Temperament und lieben ihre Besitzer.

Bengalkatze

Sie sind dafür bekannt, dass sie wie Mini-Leoparden aussehen. Sie lieben es, mit ihren Besitzern zu spielen.

Schottische Faltohrkatze

Diese Katzen haben gefaltete Ohren, wodurch sie wie Eulen aussehen. Scottish Folds haben süße Persönlichkeiten.

Sphynx-Katze

Diese Katzen haben kein Fell! Sie lieben Aufmerksamkeit und sind dafür bekannt, sehr warmherzig zu sein.

Britisch Kurzhaar

Sie haben süße, runde Gesichter und Augen. Menschen lieben sie, weil sie wie Teddybären aussehen.

Birmanisch

Diese Katzen haben schlanke und muskulöse Körper. Sie haben ein verspieltes und liebevolles Wesen.

Abessinierkatze

Diese Rasse liebt interaktives Spielen und liebt es, Zuneigung zu erhalten. Sie haben ein gekitzeltes Fell.

Orientalisch Kurzhaar

Diese Rasse ist für ihre großen Ohren und kleinen Körper bekannt. Sie sind sehr lautstark!

American Shorthair

Eine sehr gelassene Rasse, die mit Kindern und anderen Katzen gut zurechtkommt. Sie haben wunderschöne Mäntel.

Russisch Blau

Wie der Name schon sagt, haben diese Katzen ein silberblaues Fell. Sie haben schüchterne und zurückhaltende Persönlichkeiten.

Birman

Sie werden die „Heilige Katze Burmas" genannt. Sie haben langes, seidiges Fell.

Türkisch Van

Diese Katzen bauen starke Beziehungen zu ihren Familien auf. Sie sind für ihren farbig zugespitzten Schwanz bekannt.

Devon Rex

Der Devon Rex hat ein elfenhaftes Gesicht, das perfekt zu seinem schelmischen Charakter passt.

Cornish Rex

Diese Katzen haben ein verspieltes und aktives Wesen. Sie lieben es, sich an Familienaktivitäten zu beteiligen.

Norwegische Waldkatze

Sie sind für ihre kräftigen Körper und buschigen Schwänze bekannt. Sie beherrschen das Klettern und lieben die Natur.

Tonkinese

Sie sind als Hybrid zwischen Siamesen und Burmesen bekannt und haben leuchtend blaue Augen und ein glattes Fell.

Ägyptische Mau

Diese Rassen haben natürliche Flecken und leuchtend grüne Augen. Sie bauen starke Bindungen zu ihren Besitzern auf.

Exotische Kurzhaarkatze

Diese Katzen sind für ihre flachen Gesichter bekannt. Sie haben ein entspanntes Wesen.

Manx

Aufgrund einer genetischen Mutation haben diese Katzen so kurze Schwänze, dass es aussieht, als hätten sie keinen Schwanz! Sie sind superintelligent.

Himalayan

Diese Katzen sehen aus wie Siamkatzen, haben aber längeres Fell. Sie haben sanfte Persönlichkeiten.

Chartreux

Sie haben leuchtend gelbe Augen und sind für ihren muskulösen Körper bekannt. Diese Katzen gehen starke Bindungen zu Menschen ein.

Britisch Langhaar

Als langhaarige Version der Britisch Kurzhaar sind diese Katzen sehr umgänglich.

Balinesenkatze

Sie sind die langhaarige Version der Siamesen. Sie haben leuchtende Mandelaugen und sind für ihre Eleganz bekannt.

Japanische Stummelschwanzkatze

Diese Katzen haben kurze, geknickte Schwänze und sind in verschiedenen Mustern erhältlich. Beim Laufen machen sie einen „schönen Hüpfer".

Somali-Katze

Somalikatzen sind für ihr buschiges Aussehen bekannt. Sie sind von Natur aus verspielt und machen Spaß.

American Bobtail

Diese Katzen haben ein freundliches und anpassungsfähiges Wesen. Sie werden in ihrer Loyalität als „hundeartig" beschrieben.

Bombay-Katze

Bombays haben glattes, schwarzes Fell und große Augen. Sie haben ein freundliches und liebevolles Wesen.

Katzen sind ein wichtiger Teil des Lebens.

Katzen bieten ihren Besitzern Gesellschaft und emotionale Unterstützung.

Wie Hunde werden auch Katzen für Therapieprogram me für Menschen engagiert, die emotionale Unterstützung benötigen.

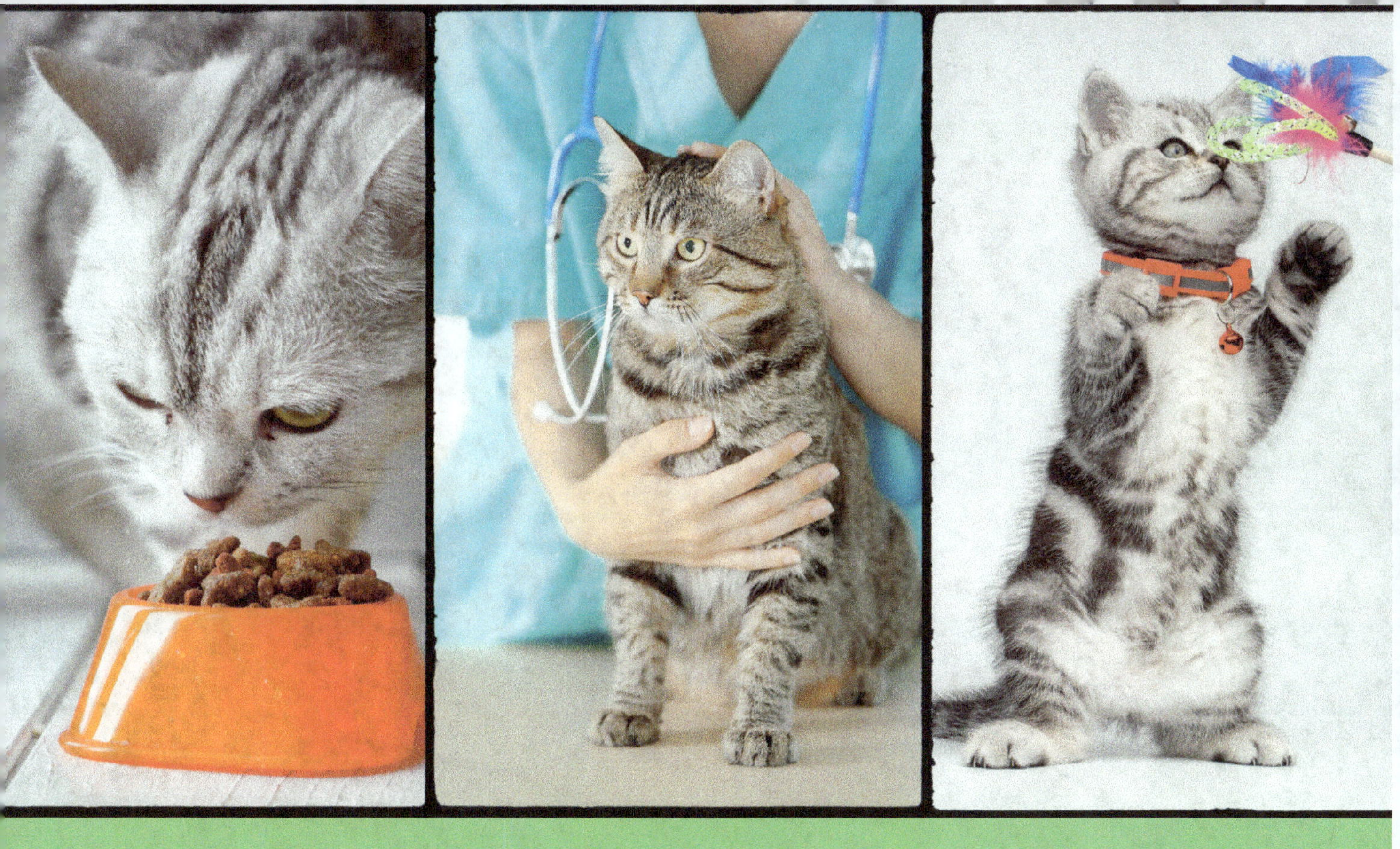

Katzen brauchen viel Pflege. Sie benötigen die richtige Ernährung, gutes Katzenfutter und tierärztliche Untersuchungen. Sie brauchen auch eine saubere Katzentoilette.

Katzen sind bezaubernde und beliebte Tiere, die das Leben der Menschen viel besser machen. Es ist wichtig, sich um Katzen zu kümmern, genau wie sie sich um uns kümmern.